PILZE

PILZE

Ein Rezeptbuch

VORWORT VON SUE LAWRENCE

AUS DEM ENGLISCHEN VON
CÉCILE G. LECAUX

Bechtermünz Verlag

Originaltitel: Mushrooms
Originalverlag: Lorenz Books, an imprint of
Anness Publishing Limited, London/Großbritannien

Deutsche Erstausgabe

Illustrationen: Anna Koska
Fotografen: Karl Adamson, David Armstrong, Steve Baxter, James
Duncan, Michelle Garrett, Nelson Hargreaves und Amanda Heywood
Coverfoto: Amanda Heywood
Fotografierte Gerichte: Elizabeth Wolf-Cohen, Carole Handslip, Wendy Lee und Jane Stevenson
Gesamtherstellung: Cayfosa Industria Grafica, Barcelona
Printed in Spain
ISBN 3-86047-690-4

Inhalt

EINLEITUNG

Pilze fühlen sich im Dunkeln am wohlsten. Die meisten Pilze, die wir essen, stammen aus Kulturbetrieben, wo sie in kontrollierter Dunkelheit gezogen werden, um ihre reinweiße Farbe zu erhalten. Wilde Pilze wachsen gewöhnlich in düsteren oder schattigen Waldgebieten. Bis vor einigen Jahren tappten auch wir im dunkeln, was die vielen verschiedenen Arten betrifft. Die meisten von uns kannten lediglich die weißen Champignons. Aber heute gibt es eine große Vielfalt wildwachsender und kultivierter Pilze, die nur darauf warten, probiert zu werden.

Ich kann mich noch lebhaft an Pilzsammelexpeditionen in den Wäldern Nordfinnlands erinnern. Die Finnen ziehen jeden Herbst durch ihre heimatlichen Wälder, um Pilze und Beeren zu sammeln und für den bevorstehenden kalten Winter einzulagern. Die Pilze werden entweder getrocknet oder gesalzen und für allerlei köstliche Gerichte verwendet, von Renntiereintopf bis hin zu sahnigem Champignon-Pie. Doch auch in anderen Ländern machen leidenschaftliche Pilzsammler sich im Herbst auf den Weg, die Köstlichkeiten in den umliegenden Wäldern zu ernten. Heute können wir nicht nur aus einem großen Angebot von Kulturchampignons schöpfen, sondern darüber hinaus unter zahlreichen frischen oder getrockneten wildwachsenden Pilzen wählen, von denen viele hier bei uns gesammelt werden. Es gibt heute neben dem weißen Kulturchampignon den kultivierten Wiesenchampignon sowie Austern- und Shiitakepilze. Wildwachsende Pilze wie Steinpilze oder Morcheln werden oft in guten Feinkost- oder Gemüseläden angeboten und stehen auch auf den Speisekarten zahlreicher Restaurants. Anstatt Pilze nur als Beilage zu verwenden, sollten wir ihnen den Platz einräumen, der ihnen gebührt.

In diesem Buch werden Sie innovative Gerichte finden, beispielsweise Muffins mit Seezunge und Champignons, Thunfisch-Shiitake-Teriyaki, Nudeln mit Champignons und Paprikawurst. Aber es sind auch interessante Abwandlungen klassischer Gerichte darunter wie Champignonrisotto mit Speck, Überbackene Maccaroni mit Champignons und Spinat-Champignon-Rouladen. Außerdem befinden sich unter den Rezepten köstliche Kombinationen mit frischen Kräutern – Lachs mit Estragon und Pilzen und knackige Champignons mit Dill-Dip.

Es läßt sich schwerlich ein vielseitigeres Gemüse finden als Pilze. Sie schmecken Vegetariern und Nichtvegetariern gleichermaßen und können ebenso ein dezentes Aroma verströmen wie ein Gericht dominieren. Der bescheidene Pilz mag sein Leben im Dunkeln fristen, aber auf dem Teller wird er helle Begeisterung hervorrufen.

Sue Lawrence

PILZARTEN

WEISSE CHAMPIGNONS IN SCHEIBEN
Sehr mild im Geschmack; schmecken gut roh und in Scheiben geschnitten im Salat.

GESCHLOSSENE CHAMPIGNONS
Schmecken am besten roh oder in der Pfanne leicht gedünstet.

OFFENE CHAMPIGNONS
In diesem Reifestadium sind die Lamellen sichtbar und der Kopf hat eine dunklere Farbe. Diese Champignons eignen sich am besten zum Füllen und Backen.

FLACHE CHAMPIGNONS
Die Champignons haben das beste Aroma, wenn die Hüte nur schwach gewölbt sind. Sie eignen sich hervorragend für Suppen.

CHAMPIGNONS AUS DER DOSE
Eine nützliche Zutat für Suppen, Eintöpfe sowie Nudel- und Reisgerichte.

SHIITAKEPILZE
Diese Pilze sind asiatischen Ursprungs, feucht und sehr geschmacksintensiv.

AUSTERNPILZE
Feuchtes Fleisch von blasser grauer oder gelber Färbung. Ihren Namen verdanken diese Pilze der Form ihrer Hüte, die an Austernschalen erinnern.

MORCHELN
Diese Pilze sind sehr aromatisch und teuer und stehen bei Feinschmeckern hoch im Kurs. Sie sind schwer zu finden, aber man braucht auch nur geringe Mengen. Morcheln gibt es auch getrocknet zu kaufen.

STEINPILZE
Der Steinpilz hat einen runden braunen Hut und einen dicken Stiel. Er ist sehr aromatisch und wird meist getrocknet angeboten.

WIESENCHAMPIGNONS
Ein für alle Zwecke geeigneter Champignon mit braunem Hut.

EINGELEGTE CHAMPIGNONS
Wildwachsende Pilzarten werden oft in Öl eingelegt und manchmal auch vor dem Einlegen über Holzkohle geröstet. Sie eignen sich gut für Vorspeisen.

Eingelegte Pilze
Weiße Kulturchampignons in Scheiben
Kleine Wiesenchampignons
Offene Kulturchampignons
Gelbe Austernpilze
Kleine weiße Kulturchampignons
Shiitakepilze
Geschlossene Kulturschampginons
Getrocknete Steinpilze
Champignonköpfe aus der Dose
Getrocknete Morcheln
Graue Austernpilze
Flache Champignons
Eingelegte Pilze
Große Wiesenchampignons

Basistechniken

PILZE PUTZEN

Sowohl an kultivierten als auch an wildwachsenden Pilzen haftet meist etwas Erde oder Sand. Pilze nehmen jedoch leicht Wasser auf und dürfen sich nicht vollsaugen. Allerdings kann man Pilze mit tiefen Lamellen oder Taschen wie etwa Morcheln zum Säubern ruhig einige Minuten in Wasser einweichen.

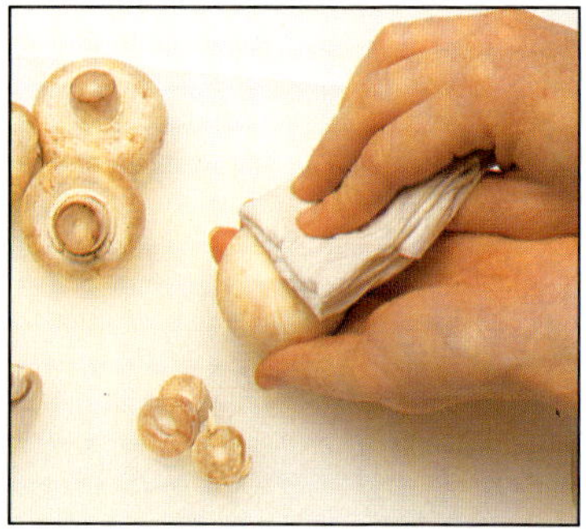

Das Stielende wilder Pilze nur abschneiden, wenn es beschädigt ist. Kleine Pilze kann man ganz belassen; größere können in Scheiben geschnitten oder gehackt werden.

Pilze mit einem feuchten Tuch oder Küchenpapier abwischen.

PILZE TROCKNEN

Das Trocknen von Pilzen ist eine Konservierungsmethode, bei der Geschmack und Aroma intensiviert werden. Die getrockneten Pilze halten sich in Einmachgläsern viele Monate.

Pilze mit einem feuchten Tuclen oder Küchenpapier säubern und beschädigte Partien und Druckstellen entfernen. Pilze mit einem scharfen Messer in dünne Scheiben schneiden.

Pilzscheiben in einer Lage auf Korbtablett oder Backblech legen, das mit Zeitungspapier und Backpapier ausgelegt ist. Zwei Tage an einen warmen, luftigen Ort trocknen.

Die getrockneten Pilze in saubere Einmachgläser füllen und an einem dunklen Ort lagern.

PILZE KOCHEN

Was ihren Nährwert betrifft enthalten Pilze wenig mehr als Protein. Sie werden vor allem wegen ihres charakteristischen, intensiven Aromas und ihrer fleischigen Textur in gekochtem Zustand geschätzt. Nur Champignons können gefahrlos roh verzehrt werden. Kultivierte oder im Laden gekaufte wilde Pilze sollten immer gekocht werden. Da sie beim Kochen viel Flüssigkeit abgeben und schrumpfen, gart man Pilze am besten, indem man sie zuerst in Butter oder Olivenöl brät, da das Fett die Pilze versiegelt und ihr Aroma somit erhalten bleibt.

PILZE EINFRIEREN

Pilze lassen sich hervorragend einfrieren, da ihr volles Aroma auch nach dem Auftauen erhalten bleibt. Festere Sorten wie Shiitakepilze, geschlossene und flache Champignons eigen sich am besten zum Einfrieren. Tauen Sie sie auf, indem Sie sie unmittelbar vor der Verarbeitung kurz in kochendes Wasser tauchen.

Achten Sie darauf, daß die Pilze sauber und frei von Erde und Insekten sind. Größere Exemplare sollten in dicke Scheiben geschnitten werden. Lassen Sie sie 1 Minute in kochendem Salzwasser ziehen und hinterher gut abtropfen. Legen Sie die Pilze anschließend auf einer Platte offen 30–40 Minuten ins Gefrierfach. Dann geben Sie sie in Gefrierbeutel oder -dosen.

Tip des Küchenchefs

• *Frische Pilze kaufen:* Wählen Sie Pilze, die fest und feucht sind, aber keine Druckstellen, dunklen Flecken oder trockenen Stielenden haben. In einigen Arten wilder Pilze können sich Würmer verstecken; sie sind harmlos und können vor dem Kochen herausgeschnitten werden. Um zu prüfen, ob Würmer in den Pilzen sind, brechen Sie von einigen die Stiele ab und schneiden durch die Lamellen.

• *Frische Pilze lagern:* Pilze halten sich nicht lange, wenn sie naß werden oder „schwitzen". Bewahren Sie sie in einer Papiertüte oder mit einem feuchten Tuch bedeckt im Kühlschrank auf. Auf diese Weise bleiben Sie bis zu vier Tage frisch. Säubern Sie die Pilze vor dem Kochen.

• *Getrocknete Pilze:* Getrocknete Pilze halten sich an einem kühlen Ort in einem luftdicht verschlossenen Behälter endlos lange. Weichen Sie sie vor dem Kochen 25–30 Minuten in lauwarmem Wasser ein. Bei Suppen können Sie auf ein vorheriges Einweichen verzichten.

EINGELEGTE PILZE

Durch das Einlegen werden die Pilze konserviert, da Essig der Entstehung von Bakterien vorbeugt. Dieses Rezept verleiht den Pilzen ein typisch chinesisches Aroma. Sie können alle festen Pilzsorten wie etwa Shiitakepilze oder Wiesenchampignons verwenden.

250 ml Weißweinessig und 150 ml Wasser in einem Edelstahltopf aufkochen. 1 Tl Salz, 1 gehackte rote Chilischote, 2 Tl Koriandersamen und 250 g feste Pilze dazugeben (größere Exemplare halbieren). Zehn Minuten kochen und anschließend abkühlen lassen.

Ein Einmachglas mit kochendem Wasser sterilisieren. Abtropfen lassen, bis das Glas trocken ist. Pilze und Kochflüssigkeit in das Glas füllen, verschließen, beschriften und mindestens zehn Tage ziehen lassen.

CHAMPIGNONGARNITUR

Pilze eignen sich hervorragend zum Garnieren, wenn man sie riffelt. Hierfür brauchen Sie sehr frische weiße Champignons und ein kleines, scharfes Messer. Champignonköpfe mit Zitronensaft abreiben, damit sie nicht braun werden. Oder man kocht sie *à blanc* (siehe rechts) oder sautiert sie in Butter.

Mit einem kleinen scharfen Messer, dessen Klinge Sie leicht schräg halten, ritzen Sie dünne Kerben von der Mitte des Hutes bis zum Rand. Die Stiele schneiden Sie flach ab.

PILZE IN ÖL EINLEGEN

Pilze in Öl einzulegen mag extravagant erscheinen, aber das folgende Rezept ergibt eine köstliche Würze. Das Öl wird so aromatisch, daß Sie es für Salatsauce verwenden können. Es hält sich bis zu einem Jahr.

250 ml Weißweinessig und 150 ml Wasser in einem Edelstahltopf aufkochen. 1 Tl Salz, 1 Thymianzweig und 1 Lorbeerblatt dazugeben. 15 Minuten ziehen lassen. 450 g gemischte Pilze dazugeben und 10 Minuten köcheln lassen.

Pilze aus der Kochflüssigkeit nehmen, gut abtropfen lassen und in ein kleines sterilisiertes Einmachglas füllen.

400 ml Olivenöl über die Pilze gießen, Einmachglas fest verschließen und beschriften.

Nützliche Tips

- Champignons bewahren ihre weiße Farbe, wenn man sie *à blanc* in Zitronensaft, Salz, Pfeffer und ein wenig Wasser kocht.
- Verwenden Sie die Einweichflüssigkeit von Trokkenpilzen zum verfeinern von Saucen und Brühen.
- Geben Sie zu frischen Pilzen getrocknete hinzu, um einen intensiveren Geschmack zu erzielen.
- Füllungen, Suppen und Pfannengerichte können durch die Hinzugabe von ein paar Pilzen aufgepeppt werden. Reichen Sie gekochte Pilze als Gemüsebeilage zu Fleisch, Fisch, Geflügel oder Wild.
- Kaufen Sie wildwachsende Pilze ausschließlich bei zuverlässigen Händlern. Sammeln und essen Sie niemals Pilze, die nicht von einem Fachmann für unbedenklich erklärt worden sind.

Vorspeisen und Zwischenmahlzeiten

*Pilze verleihen kleinen Zwischenmahlzeiten ein köstliches Aroma.
Reichen Sie sie einfach auf Toast, in sämigen Suppen,
mit knuspriger Kruste, mit Knoblauchbutter gefüllt
oder – als traumhafte Vorspeise – zu Seezunge.*

Champignons auf Toast

Champignons harmonieren wunderbar mit Knoblauch, aber viel zu oft dominiert das intensive Knoblaucharoma. Hier wird der Knoblauch durch eine großzügige Menge frischer Petersilie und einem Hauch Zitrone gemildert.

4 Portionen

Zutaten

2 El Butter und etwas Butter zum Bestreichen der Toastscheiben
1 Zwiebel, gehackt
1 Knoblauchzehe, gepreßt
350 g gemischte Pilze wie weiße Champignons, Wiesenchampignons und Shiitakepilze
3 El trockener Sherry
5 El gehackte frische Petersilie
1 El Zitronensaft
4 Scheiben Vollkorn- oder Buttertoast
Salz und frisch gemahlener schwarzer Pfeffer

Tip des Küchenchefs

Glatte Petersilie ist sehr aromatisch und hält sich gut im Kühlschrank. Um sie frisch zu halten, stellen Sie den Bund in ein Glas Wasser und stülpen einen Plastikbeutel darüber.

Butter in einer antihaftbeschichteten Pfanne zerlassen, Zwiebeln dazugeben und bei schwacher Hitze glasig dünsten.

Knoblauch und Champignons hinzugeben, Pfanne mit einem Deckel verschließen und 3–5 Minuten köcheln lassen. Sherry zugießen und noch eine Weile offen weiterköcheln lassen, damit die Flüssigkeit verdunsten kann.

Die gehackte Petersilie und den Zitronensaft unterrühren.

Das Brot toasten und dick mit Butter bestreichen. Die Toastscheiben mit den Champignons belegen und sofort servieren.

Kusprige Chamignons mit Dill-Dip

Diese knusprigen Happen sind ideal als kleine Vorspeise oder als Snack zum Aperitif.

4–6 Portionen

Zutaten
115 g frisches, feines Paniermehl
25 ml fein geriebener alter Cheddarkäse
1 Tl Paprikapulver
225 g kleine weiße Champignons
2 Eiweiß

Für den Tomaten-Dill-Dip
4 reife Tomaten
115 g Frischkäse
4 El Magerjoghurt natur
1 Knoblauchzehe, gepreßt
2 El gehackter frischer Dill
Salz und frisch gemahlener schwarzer Pfeffer
Dillstengel zum Garnieren

Ofen auf 190° C vorheizen (Gas Stufe 5). Paniermehl, Käse und Paprikapulver in einer Schüssel verrühren.

Champignons sauberwischen und wenn nötig Stiele abschneiden. Die Eiweiß leicht mit einer Gabel schaumig schlagen.

Champignons in das Eiweiß tauchen und anschließend in der Paniermehlmischung wenden.

Champignons auf ein antihaftbeschichtetes Backblech legen und etwa 15 Minuten im Ofen backen, bis die Kruste goldgelb und knusprig ist.

Für den Dip die Tomaten am unteren Ende kreuzweise einritzen und 1 Minute in kochendes Wasser tauchen. Anschließend in kaltem Wasser abschrecken. Die Haut abziehen. Tomaten halbieren, Kerne entfernen und das Fruchtfleisch grob hacken.

Frischkäse, Joghurt, Knoblauch und Dill in eine Schüssel geben und gründlich verrühren. Mit Salz und Pfeffer abschmecken. Die gehackten Tomaten unterheben. Die Mischung in kleine Schälchen füllen und mit einem Stengel frischem Dill garnieren. Die Champignons heiß servieren und den Dip dazu reichen

GEFÜLLTE CHAMPIGNONS

Diese Champignons eignen sich hervorragend für Abendgesellschaften. In größeren Portionen können Sie sie auch als leichte Abendmahlzeit servieren.

4 Portionen

Zutaten

350 g große weiße Champignons, ohne Stiele
3 Knoblauchzehen, gepreßt
175 g weiche Butter
50 g frisches Paniermehl
50 g gehackte frische Petersilie
1 Ei, geschlagen
Salz und Cayennepfeffer
8 Kirschtomaten zum Garnieren

Ofen auf 190° C vorheizen (Gas Stufe 5). Champignons mit der Unterseite nach oben auf ein Backblech legen. Knoblauch und Butter in einer kleinen Schüssel verrühren und 115 g der Knoblauchbutter auf die Champignons verteilen.

Die restliche Butter in einer großen antihaftbeschichteten Pfanne zerlassen, das Paniermehl hineingeben und goldbraun braten. Gehackte Petersilie und Paniermehl in eine Schüssel geben, mit Salz und Pfeffer abschmecken und sorgfältig vermengen.

Das Ei unterrühren, die Champignonköpfe mit der Mischung füllen und 10–15 Minuten im Ofen backen.

TIP DES KÜCHENCHEFS

Sie können die gefüllten Champignons bis zu 12 Stunden im voraus zubereiten und bis zum Backen im Kühlschrank aufbewahren.

Pilzcremesuppe

Die braunen Wiesenchampignons verleihen dieser köstlichen Suppe aus verschiedenen Pilzsorten zusätzliches Aroma.

4 Portionen

Zutaten
4 El Butter
4 Schalotten oder 1 Zwiebel, gehackt
225 g Austernpilze und weiße Champignons, geputzt und gehackt
1 Knoblauchzehe, gepreßt
900 ml Hühnerbrühe, kochendheiß
175 g Wiesenchampignons, geputzt und in Scheiben
4 El Crème double
2 El Zitronensaft
Salz und frisch gemahlener schwarzer Pfeffer
3 El gehackte frische Petersilie zum Garnieren
Knuspriges Brot als Beilage

Die Hälfte der Butter in einem Topf zerlassen. Schalotten oder Zwiebel hineingeben und glasig dünsten. Austernpilze, weiße Champignons und Knoblauch dazugeben und braten, bis sie weich sind und der Saft beginnt auszulaufen. Mit der Hühnerbrühe ablöschen, aufkochen und 15 Minuten köcheln lassen. In den Mixer geben und glattpürieren. In den Topf zurückgeben.

Die restliche Butter in einer antihaftbeschichteten Pfanne zerlassen, die Wiesenchampignons dazugeben und bei schwacher Hitze dünsten. In den Topf geben und noch eine Minute köcheln lassen.

Crème double und Zitronensaft unterrühren und mit Salz und Pfeffer abschmecken. Mit Petersilie bestreuen. Dazu knuspriges Brot reichen.

MUFFINS MIT SEEZUNGE UND CHAMPIGNONS

Muffins, Spinat aus der Tiefkühltruhe und Champignons bilden die Grundlage für diese schmackhafte Zwischenmahlzeit. Jeder flache Fisch ist geeignet, aber ideal ist Seezunge.

2 Portionen

Zutaten

115 g Butter und etwas Butter zum Bestreichen der Muffins
1 Zwiebel, gehackt
115 g Wiesenchampignons, in Scheiben
2 frische Thymianzweige, gehackt
275 g tiefgefrorener Blattspinat, aufgetaut
1,5 kg Seezunge oder Scholle am Stück 675 g gehäutete Filets
2 weiße englische Muffins, halbiert
4 El Crème fraîche
Salz und frisch gemahlener schwarzer Pfeffer

TIP DES KÜCHENCHEFS

Bei flachen Fischarten machen die Gräten etwa die Hälfte des Gewichts aus. Wenn Sie den Fisch am Stück kaufen, sollten Sie den Fischhändler bitten, Ihnen eine Menge zu verkaufen, die entgrätet dem angegebenen Gewicht entspricht.

Die Hälfte der Butter in einem Topf zerlassen. Die gehackte Zwiebel dazugeben und bei schwacher Hitze glasig dünsten.

Champignons und Thymian zugeben, Topf mit einem Deckel verschließen und weitere 2–3 Minuten köcheln lassen. Deckel abnehmen und Temperaturzufuhr erhöhen, damit ein Teil der Flüssigkeit verdunstet. Spinat in ein Sieb geben und mit der Rückseite eines großen Löffels die überschüssige Flüssigkeit herauspressen.

2 El Butter in einem Topf zerlassen, Spinat hineingeben, aufwärmen und abschmecken.

Die restliche Butter in einer großen Pfanne zerlassen, die Seezungen- oder Schollenfilets würzen und mit der Hautseite nach oben 2 Minuten braten. Dann wenden und weitere 2 Minuten braten.

Muffins toasten und mit Butter bestreichen. Mit den Fischfilets und je einer Lage Spinat und Champignons belegen. Abschließend einen großzügigen Löffel Crème fraîche daraufgeben.

Fisch und Meeresfrüchte

Shiitakepilze, Austernpilze und Wiesenchampignons harmonieren wunderbar mit Fisch und Meeresfrüchten, ob als Sauce zu Lachs, in einem saftigen Pilaw oder einem Thunfisch-Teriyaki auf japanische Art.

Forelle mit Pilzsauce

Das dezente Forellenaroma wird durch diese sämige Pilzsauce besonders hervorgehoben.

4 Portionen

Zutaten

8 Lachsforellenfilets
gewürztes Mehl zum Bestäuben
6 El Butter
1 Knoblauchzehe, gehackt
2 El gehackter frischer Salbei
350 g gemischte Pilze wie weiße Champignons, Wiesenchampignons und Austernpilze, geputzt und in Scheiben
2 El trockener Weißwein
250 ml Crème double
Salz und frisch gemahlener schwarzer Pfeffer
Salbeiblätter zum Garnieren

Tip des Küchenchefs

Verwenden Sie ein großes, scharfes Messer, um die Haut von den Forellenfilets abzulösen, und ziehen Sie dann alle Gräten aus dem Fleisch – mit einer Pinzette geht das ganz einfach.

Forellenfilets häuten und vorsichtig sämtliche Gräten entfernen. Fischfilets von beiden Seiten mit gewürztem Mehl bestäuben und überschüssiges Mehl abschütteln.

Butter in einer großen Bratpfanne zerlassen, Forellenfilets hineingeben und bei mittlerer Hitze 4–5 Minuten braten, zwischendurch einmal wenden. Fischfilets aus der Pfanne nehmen und warm halten. Gehackten Knoblauch, Salbei und Pilze in die Pfanne geben und weich dünsten.

Mit Wein ablöschen und aufkochen, damit der Alkohol verfliegt. Crème double unterrühren und mit Salz und Pfeffer abschmecken.

Forellenfilets mit der Sauce auf vorgewärmten Tellern anrichten und mit Salbeiblättern garnieren.

Lachs mit Estragon und Pilzen

Das anisartige Aroma des Estragons paßt gut zu Fisch, Sahne und Pilzen. In diesem Rezept werden verschiedene Pilzsorten verwendet, um einen ganz besonderen Geschmack zu erzielen.

4 Portionen

Zutaten

50 g Butter
4 x 175 g Lachssteaks
1 Schalotte, fein gehackt
175 g gemischte Pilze wie Austernpilze, Shiitakepilze, Steinpilze und Morcheln, geputzt und in Scheiben geschnitten
200 ml Hühner- oder Gemüsebrühe
2 Tl Maismehl
$^{1}/_{2}$ Tl Senf
3 $^{1}/_{2}$ El Crème fraîche
3 El gehackter frischer Estragon
1 Tl Weißweinessig
Salz und Cayennepfeffer
neue Kartoffeln und grüner Salat als Beilage

Tip des Küchenchefs

Frischer Estragon wird nach dem Hacken schnell welk und dunkel; hacken Sie ihn also erst unmittelbar vor der Verwendung.

Die Hälfte der Butter in einer großen, antihaftbeschichteten Pfanne zerlassen. Den Lachs mit Salz und Pfeffer würzen und bei mittlerer Hitze 8 Minuten braten, zwischendurch einmal wenden. Auf einen Teller legen, zudecken und warm halten.

Die restliche Butter in der Pfanne zerlassen, die Schalotten dazugeben und bei schwacher Hitze glasig dünsten. Pilze in die Pfanne geben und dünsten, bis sie Saft absondern. Mit Hühner- oder Gemüsebrühe ablöschen und weitere 2–3 Minuten köcheln lassen.

Maismehl und Senf in einer Tasse mit 1 El Wasser verrühren. Unter die Pilzmischung rühren, Temperaturzufuhr erhöhen und Sauce unter ständigem Rühren andicken. Crème fraîche, gehackten Estragon, Essig, Salz und Pfeffer hinzugeben.

Wenn Sie möchten, können Sie die Haut von den Lachsfilets abziehen: Schieben Sie eine Gabel zwischen Haut und Fisch, und wickeln Sie die Haut zügig um die Gabel. Lachs mit Pilzsauce, Salat und neuen Kartoffeln auf Tellern anrichten.

FISCHPILAW MIT CHAMPIGNONS

Dieses Pfannengericht ist äußerst schmackhaft. Zu besonderen Anlässen können Sie den Orangensaft durch trockenen Weißwein ersetzen.

4 Portionen

Zutaten

2 El Olivenöl

250 g Langkornreis

1 Tl Kurkuma

1 rote Paprikaschote, entkernt und gewürfelt

1 kleine Zwiebel, fein gehackt

2 Zucchini, in Scheiben

150 g kleine weiße Champignons, halbiert

350 ml Fisch- oder Geflügelfond

150 ml Orangensaft

350 g Fischfilet

12 frische Muscheln in der Schale (oder gekochte Muscheln ohne Schale)

Salz und frisch gemahlener schwarzer Pfeffer

geriebene Schale 1 Orange zum Garnieren

Öl in einer großen antihaftbeschichteten Pfanne erhitzen, Reis und Kurkuma hinzugeben und bei schwacher Hitze 1 Minute braten.

Paprikaschote, Zwiebel, Zucchini und Pilze zugeben. Fond und Orangensaft unterrühren. Aufkochen. Temperaturzufuhr reduzieren und Fisch hinzugeben. Pfanne mit einem Deckel verschließen und bei mittlerer Hitze etwa 15 Minuten köcheln lassen, bis der Reis weich ist und die Flüssigkeit aufgesogen hat. Muscheln unterrühren und einige Minuten garen. Mit Salz und Pfeffer abschmecken und mit geriebener Orangenschale bestreuen. Sofort servieren.

Fischbällchen in Champignonsauce

Diese schnell zubereitete Mahlzeit ist ideal für Kinder, da der Fisch garantiert grätenfrei ist.

4 Portionen

Zutaten

450 g Fischfilets wie etwa Dorsch, gehäutet
4 El frisches Vollkornpaniermehl
2 El Schnittlauchröllchen oder fein gehackte Lauchzwiebeln
400 g gehackte Tomaten aus der Dose
50 g kleine weiße Champignons, in Scheiben
Salz und frisch gemahlener schwarzer Pfeffer
Schnittlauchröllchen zum Garnieren
Zuckererbsen als Beilage

Tip des Küchenchefs

Anstelle der Tomaten aus der Dose und der frischen Champignons können Sie auch fertige Tomaten-Champignon-Sauce verwenden. Geben Sie einfach die Fischbällchen dazu, und lassen Sie Fisch und Sauce 10 Minuten köcheln.

Fischfilets in große Stücke schneiden und in den Mixer geben. Semmelbrösel und Schnittlauch oder Lauchzwiebel dazugeben. Mit Salz und Pfeffer abschmecken und mischen, bis der Fisch fein gehackt, aber noch in Stückchen ist.

Die Fischmischung in etwa 16 gleich große Portionen teilen und mit den Händen zu kleinen Bällchen formen.

Tomaten und Champignons in einen großen Topf geben und bei mittlerer Hitze garen, bis sie kochen. Fischbällchen dazugeben und etwa 10 Minuten garen. Mit Schnittlauchröllchen garnieren und heiß servieren. Als Beilage Zuckererbsen reichen.

THUNFISCH-SHIITAKE-TERIYAKI

Teriyaki ist eine süße Sojamarinade, die gewöhnlich zum Glasieren von Fleisch verwendet wird. Bei diesem Rezept hebt die Marinade das Aroma frischer Thunfischsteaks hervor, die mit Shiitakepilzen serviert wer-

4 Portionen

Zutaten
4 x 175 g frische Thunfischsteaks
1 Prise Salz
175 g Shiitakepilze
150 ml Teriyakisauce
225 g Rettich, geschält
2 große Möhren, geschält
gekochter Reis als Beilage

TIP DES KÜCHENCHEFS
Eine der besten Teriyakisaucen wird von der Firma Kikkoman hergestellt und ist in den meisten großen Supermärkten erhältlich.

Thunfischsteaks in eine flache Schüssel legen und mit etwas Salz bestreuen. Das Salz 20 Minuten durchziehen lassen. Die Pilzscheiben in die Schüssel geben und die Teriyakisauce über Fisch und Champignons gießen. Weitere 20–30 Minuten marinieren lassen, nach Belieben auch länger.

Grill auf mittlere Hitze vorheizen. Fischsteaks aus der Marinade nehmen. Marinade aufbewahren. Fischsteaks 8 Minuten grillen und zwischendurch einmal wenden.

Pilze und Marinade in einen Edelstahltopf geben und 3–4 Minuten köcheln lassen.

Rettich und Möhren in Juliennestreifen schneiden. Je ein Häufchen Möhren- und Rettichstreifen auf vier Tellern anrichten. Fischsteaks mit der Pilzsauce dazugeben. Sofort servieren. Dazu einfachen gekochten Reis reichen.

Fleisch und Geflügel

Wunderbar sahniges Stroganoff, Frikassee mit kräftigen Waldaromen, aromatische Kräuterrösti, zartes Rindfleisch in Wein mit knuspriger Teighaube, ein Wurstzopf mit Pilzen und ein köstliches Filet Mignon sind nur einige der vorgeschlagenen kulinarischen Genüsse.

Boeuf Stroganoff mit Pilzen

Eine Variante des klassischen Stroganoff-Rezepts, mit Rinderfilet, Austernpilzen und Sauerrahm.

4 Portionen

Zutaten

450 g Rinderfilet, geschnetzelt
2 El Olivenöl
3 El Weinbrand
2 Schalotten, fein gehackt
225 g Austernpilze, geputzt und halbiert
150 ml Rinderbrühe
75 ml Sauerrahm
1 Tl Dijon-Senf
1/2 milde Gewürzgurke, gehackt
3 El gehackte frische Petersilie
Salz und frisch gemahlener schwarzer Pfeffer
In Butter geschwenkte Nudeln als Beilage
Mohnsamen zum Garnieren

Tip des Küchenchefs

Wenn Ihnen Filet zu teuer ist, können Sie statt dessen auch gutes Rump- oder Lendensteak verwenden.

Filet mit Pfeffer würzen. Die Hälfte des Öls in einer großen schweren Pfanne erhitzen und 2 Minuten scharf anbraten. Fleisch auf einen Teller geben.

Pfanne bei mittlerer Hitze auf die Herdplatte zurückstellen und den Bodensatz bräunen. Weinbrand in die Pfanne geben und flambieren, Saft über das Fleisch geben, zudecken und warm halten.

Pfanne sauberwischen. Das restliche Öl erhitzen. Schalotten hineingeben und leicht bräunen. Pilze dazugeben und 3–4 Minuten weich braten.

Mit der Brühe ablöschen und einige Minuten köcheln lassen. Dann Sauerrahm, Senf und Gurke zusammen mit dem Filet und dem Fleischsaft unterrühren. Kurz ziehen lassen, mit Salz und Pfeffer abschmecken und die gehackte Petersilie unterrühren. Mit Mohnsamen garnieren und mit in Butter geschwenkten Nudeln als Beilage reichen.

Hühnerfrikassee mit gemischten Pilzen

Bei Frikassee handelt es sich um einen leichten Schmortopf. Hier wird es von einer herzhaften Sauce begleitet.

4 Portionen

Zutaten

3 x 115 g Hühnerbrust, geschnetzelt
115 g ungeräucherter durchwachsener Speck ohne Schwarte, gewürfelt
50 g Butter
1 El Pflanzenöl
5 El trockener Sherry oder Weißwein
1 Zwiebel, gehackt
350 g gemischte Pilze wie Steinpilze, geschlossene Champignons und Austernpilze, geputzt und in Scheiben geschnitten
3 El Mehl
500 ml Hühnerbrühe
2 Tl Zitronensaft
4 El frische gehackte Petersilie
Salz und frisch gemahlener schwarzer Pfeffer
gekochter Reis, Möhren und Maiskölbchen als Beilage

Die Hälfte der Butter und des Öls in einem Schmortopf erhitzen und das Huhn und den Speck darin scharf anbraten. Fleisch in eine flache Schüssel geben und überschüssiges Fett abgießen.

Schmortopf auf den Herd zurückstellen und den Bodensatz bräunen. Mit Sherry oder Weißwein ablöschen. Über das Huhn gießen.

Zwiebeln und Pilze in der restlichen Butter unter häufigem Umrühren 6–8 Minuten garen. Das Mehl unterrühren und den Topf von der Herdplatte nehmen. Hühnerbrühe unterrühren.

Huhn und Speck mit dem Saft in den Topf zurückgeben und 10–15 Minuten köcheln lassen. Dann Zitronensaft und Petersilie dazugeben und mit Salz und Pfeffer abschmecken.

Pilzrösti mit Speck

Getrocknete Steinpilze, die man meist in italienischen Feinkostläden findet, sind für dieses Rezept besonders gut geeignet.

4 Portionen

Zutaten

675 g mehligkochende Kartoffeln, geschält
10 g getrocknete Steinpilze
2 frische Thymianzweige, gehackt
2 El gehackte frische Petersilie
4 El Pflanzenöl zum Braten
4 x 115 g ungeräucherte Speckschnitten
1 Prise Salz
4 Eier als Beilage
1 Bund Brunnenkresse als Beilage

Kartoffeln in einen großen Topf mit kochendem Salzwasser geben und 5 Minuten garen. In der Zwischenzeit die getrockneten Pilze mit kochendem Wasser bedecken, damit sie weich werden. Abtropfen lassen und grob hacken.

Kartoffeln abgießen, abkühlen lassen und grob reiben. Pilze, Thymian und Petersilie sorgfältig unterheben.

2 El Öl in einer Pfanne erhitzen, die Röstimischung in kleinen Häufchen hineingeben und flachdrücken. 6 Minuten braten und zwischendurch einmal wenden.

Speckschnitten grillen und die Eier so braten, wie Sie sie mögen. Rösti zusammen mit Eiern, Speck und Brunnenkresse servieren.

Tip des Küchenchefs

Sie können auch in einer antihaftbeschichteten Pfanne ein einziges großes Rösti braten. Garen Sie das Rösti insgesamt 12 Minuten. Nach der Hälfte der Garzeit stürzen Sie es auf einen großen Teller und lassen es dann in die Pfanne zurückgleiten.

Steak-Champignon-Pie

Zartes Fleisch wird in einer herzhaften Champignon-Wein-Sauce gegart und mit einer knusprigen Blätterteighaube versehen.

4 Portionen

Zutaten

1 Zwiebel, fein gehackt
175 ml Rinderbrühe
450 g mageres Nackensteak in 2,5 cm großen Würfeln
120 ml trockener Rotwein
3 El Mehl
225 g kleine weiße Champignons, halbiert
5 Blatt feiner Blätterteig
2 El Sonnenblumenöl
Salz und frisch gemahlener schwarzer Pfeffer
Kartoffelbrei und Stangenbohnen als Beilage

Zwiebeln in 120 ml der Brühe in einem großen antihaftbeschichteten Topf bei geschlossenem Deckel 5 Minuten köcheln lassen. Deckel abnehmen und unter gelegentlichem Umrühren weiterkochen, bis die Brühe verdunstet ist. Zwiebeln auf einen Teller geben und beiseite stellen.

Steak in den Topf geben und ohne Fett braten, bis es leicht gebräunt ist. Zwiebeln, restliche Brühe und Wein dazugeben. Topf wieder mit dem Deckel verschließen und etwa $1\frac{1}{2}$ Stunden bei schwacher Hitze köcheln lassen, bis das Fleisch zart ist.

Ofen auf 190° C vorheizen (Gas Stufe 5). Mehl mit 3 El kaltem Wasser verrühren, in den Topf geben und umrühren, bis die Sauce andickt.

Pilze dazugeben und weitere 3 Minuten kochen. Mit Salz und Pfeffer abschmecken und in eine 1,2-l-Pie-Schüssel füllen.

Ein Blatt feinen Blätterteig mit etwas Sonnenblumenöl einpinseln, leicht zerknüllen und mit der eingeölten Seite nach oben auf die Füllung legen. Vorgang mit dem restlichen Teig wiederholen.

Im Ofen 25–30 Minuten backen, bis der Teig goldbraun und knusprig ist. Mit cremigem Kartoffelbrei und frisch gekochten Stangenbohnen als Beilage servieren.

BLÄTTERTEIGZOPF MIT WURST UND PILZEN

Frische Schweinswürste brauchen nicht in der Pelle gegart zu werden. Am besten schmecken sie, wenn man die Pelle entfernt und das Fleisch in ein Stück Blätterteig wickelt. Eine dicke Lage Pilze bildet eine köstliche Zugabe.

4 Portionen

Zutaten

50 g Butter
1/2 Knoblauchzehe, gepreßt
1 El frischer gehackter Thymian
450 g gemischte Pilze wie Steinpilze, Austernpilze und Champignons, geputzt und in Scheiben geschnitten
50 g frisches Paniermehl
5 El frisch gehackte Petersilie
350 g Blätterteig, wenn tiefgefroren, auftauen lassen
675 g Schweinswürste
1 Ei, mit 1 Prise Salz geschlagen
Salz und frisch gemahlener schwarzer Pfeffer

Ofen auf 180° C vorheizen (Gas Stufe 4). Butter in einer großen antihaftbeschichteten Pfanne zerlassen. Gepreßten Knoblauch, gehackten Thymian und Pilze dazugeben und bei schwacher Hitze 5–6 Minuten weich dünsten, ohne die Pilze braun werden zu lassen. Wenn der Saft aus den Pilzen zu fließen beginnt, Temperaturzufuhr erhöhen, damit die Flüssigkeit verdunstet. Wenn kaum noch Flüssigkeit übrig ist, das Paniermehl und die gehackte Petersilie unterrühren und großzügig mit Salz und Pfeffer abschmecken.

Teig auf einer bemehlten Arbeitsfläche zu einem 36 x 25 cm großen Rechteck ausrollen und auf ein großes Backblech legen.

Wurst pellen. Die Hälfte des Wurstfleisches in einem 13 cm langen Streifen in die Mitte des Teigs geben. Mit der Pilzmischung bedecken und eine zweite Lage Wurstfleisch über die Pilze geben.

Teig mehrmals auf beiden Seiten der Füllung schräg einschneiden. Die Teigenden über die Füllung breiten, den Teig mit Ei bestreichen und die Seitenstreifen abwechselnd und überlappend über die Pastete legen, so daß ein Zopfmuster entsteht. 40 Minuten stehenlassen, mit Ei einpinseln und 1 Stunde im Ofen backen. Sofort servieren.

TIP DES KÜCHENCHEFS

Eine großzügige Prise Salz in dem geschlagenen Ei läßt es weniger schäumen und verschönert die fertige Glasur.

Filet mignon mit Pilzen

Große Champignons sehen besonders hübsch aus, wenn man sie wie in diesem Rezept mit kleinen Kerben verziert.

4 Portionen

Zutaten

4 dünne Scheiben Weißbrot
115 g Gänseleberpastete oder -mousse
4 große, geschlossene Champignons
5 El Butter
2 Tl Pflanzenöl
4 Filetsteaks (etwa 2,5 cm dick)
3-4 El Madeira oder Portwein
120 ml Rinderbrühe
1 Bund Brunnenkresse zum Garnieren

Tip des Küchenchefs

Wenn Sie keine Gänseleberpastete finden, können Sie sie auch durch Schweineleberpastete ersetzen.

Brot mit einem Gebäckstanzer oder scharfen Messer in Kreise vom gleichen Durchmesser wie die Steaks schneiden. Das Brot toasten und mit Gänseleberpastete oder -mousse bestreichen. Die Schnitten auf vorgewärmte Teller geben.

Die Champignonköpfe mit einem scharfen Messer dekorativ mit kleinen, von der Mitte nach außen verlaufenden Kerben versehen. Zwei El Butter in einer antihaftbeschichteten Pfanne zerlassen, die Champignons hineingeben und bei mittlerer Hitze in der Butter schwenken, bis sie goldgelb gebraten sind. Auf einen Teller geben und bis zur Weiterverarbeitung warm halten.

In derselben Pfanne bei mittlerer bis starker Hitze weitere 2 El Butter mit dem Öl zerlassen und verrühren. Wenn die Butter braun wird, die Filets hineingeben und 6–8 Minuten braten, zwischendurch einmal wenden (englisch gebraten ist das Steak, wenn es nachgibt, wenn man mit einer Gabel leicht oben auf das Fleisch drückt; ist das Fleisch oben fest, ist es durchgebraten). Filetsteaks auf die Brotscheiben legen und jeweils mit einem Champignon garnieren.

Madeira oder Portwein in die Pfanne geben und 20–30 Sekunden kochen. Mit der Brühe ablöschen und bei starker Hitze um Dreiviertel reduzieren. Dann die restliche Butter unterrühren. Vor dem Servieren etwas Sauce über jedes Filet geben und mit Brunnenkresse garnieren.

Nudeln und Reis

Pilze passen wunderbar zu allen Arten von Nudel- und Reisgerichten. Zusammen mit Kräutern, Nüssen, Käse, Speck und frischem Gemüse verfeinern sie Pfannengerichte, Risottos, Nudelsaucen, Aufläufe und Reissalate.

Spaghetti mit Champignonsauce

Die Kombination von Spaghetti mit gemischten Champignons und frischem Basilikum sollte mit einem frischen Tomatensalat abgerundet werden.

4 Portionen

Zutaten
4 El Butter
1 Zwiebel, gehackt
350 g Spaghetti
350 g gemischte Champignons wie Wiesenchampignons, kleine weiße Champignons und flache Champignons in Scheiben
1 Knoblauchzehe, gehackt
300 ml Sauerrahm
2 El gehacktes frisches Basilikum
4 El geriebener Parmesankäse
Salz und frisch gemahlener Pfeffer
zerpflückte Blattpetersilie zum Garnieren
geriebener Parmesankäse zum Bestreuen

Butter in einer großen antihaftbeschichteten Pfanne zerlassen. Zwiebeln dazugeben und bei mittlerer Hitze weich braten. In der Zwischenzeit die Nudeln nach Packungsanleitung garen.

Die Champignonscheiben und den gehackten Knoblauch unter die Zwiebelmischung rühren und weitere 10 Minuten braten, bis die Champignons weich sind.

Sauerrahm, Basilikum und Käse dazugeben und mit Salz und Pfeffer abschmecken. Topf mit einem Deckel verschließen und erhitzen. Nudeln in die Sauce geben und mit Petersilie bestreuen. Dazu Parmesankäse reichen.

NUDELN MIT PILZEN UND PAPRIKAWURST

Diese Kombination aus Pilzen und scharfer Wurst ergibt eine delikate Abendmahlzeit.

4 Portionen

Zutaten

4 El Olivenöl
1 Knoblauchzehe, gehackt
1 Stangensellerie, gehackt
350 g Spiralnudeln
225 g Paprikawurst, in Scheiben
225 g gemischte Pilze wie Austernpilze, Wiesenchampignons und Shiitakepilze
1 El Zitronensaft
2 El gehackter frischer Oregano
Salz und frisch gemahlener schwarzer Pfeffer
fein gehackte frische Petersilie zum Garnieren

TIP DES KÜCHENCHEFS

Dieses Gericht schmeckt köstlich, wenn man es mit einigen Parmesanraspeln bestreut. Verwenden Sie für die aromatische Sauce eine Pilzmischung nach Ihrem Geschmack.

Öl in einer großen antihaftbeschichteten Pfanne erhitzen. Knoblauch und Sellerie hinzugeben und bei mittlerer Hitze 5 Minuten weich dünsten. In der Zwischenzeit die Nudeln nach Packungsanleitung garen. Abtropfen lassen und bis zur Weiterverarbeitung warm halten.

Paprikawurst zu dem Knoblauch und dem Sellerie in die Pfanne geben und weitere 5 Minuten unter gelegentlichem Umrühren braten, bis die Wurst braun ist.

Pilze in die Pfanne geben und noch einmal 4 Minuten unter gelegentlichem Rühren braten, bis die Pilze weich sind. Die restlichen Zutaten bis auf die Petersilie unterrühren und erhitzen.

Spiralnudeln in die Pfanne geben und sorgfältig mit der Pilz-Wurst-Sauce mischen. Mit fein gehackter frischer Petersilie bestreuen und sofort servieren.

Reispfanne mit Champignons und Nüssen

Diese köstliche und reichhaltige Abendmahlzeit kann für sich allein oder mit gemischtem Salat serviert werden.

4–6 Portionen

Zutaten
350 g Langkornreis
3 El Sonnenblumenöl
1 kleine Zwiebel, grob gehackt
225 g kleine weiße Champignons, in Scheiben
50 g Haselnüsse, grob gehackt
50 g Pekannüsse, grob gehackt
50 g Mandeln, grob gehackt
4 El gehackte frische Petersilie
Salz und frisch gemahlener schwarzer Pfeffer

Reis 10–12 Minuten in einem geschlossenen Topf garen und unter kaltem Wasser abschrecken. Reis 2–3 Minuten unter Rühren im Wok braten. In eine Schüssel füllen und beiseite stellen.

Das restliche Öl in den Wok geben und die Zwiebel 2 Minuten weich dünsten. Champignons dazugeben und weitere 2 Minuten dünsten.

Nüsse und Mandeln in den Wok geben und 1 Minute unter Rühren rösten. Reis in den Wok zurückgeben und etwa 3 Minuten unter Umrühren braten.

Überbackene Maccaroni mit Champignons

Überbackene Maccaroni sind ein beliebter Klassiker. Hier werden sie in einer leichten, sämigen Champignonsauce gebacken und mit Pinienkernen bestreut.

4 Portionen

Zutaten

450 g schnellkochende Nudelhörnchen
3 El Olivenöl
225 g kleine weiße Champignons, in Scheiben
2 frische Thymianzweige
4 El Mehl
1 Gemüsebrühwürfel, zerbröckelt
600 ml Milch
$^1/_2$ Tl Selleriesalz
1 Tl Dijon-Senf
175 g geriebener Cheddarkäse
25 g geriebener Parmesankäse
25 g Pinienkerne
Salz und frisch gemahlener schwarzer Pfeffer

Nudeln nach Packungsanleitung garen. Öl in einer Pfanne mit dickem Boden erhitzen. Champignons und Thymian hineingeben und bei geschlossenem Deckel und schwacher Hitze 2–3 Minuten garen. Mehl unterrühren, Pfanne von der Herdplatte nehmen, zerbröckelten Brühwürfel dazugeben und sorgfältig unterrühren. Nach und nach die Milch unterrühren. Selleriesalz, Senf und Cheddarkäse unterrühren und mit Salz und Pfeffer abschmecken. Unter Rühren noch 1–2 Minuten köcheln lassen, bis die Sauce andickt.

Nudeln in die Sauce geben und in eine Auflaufform füllen. Mit Parmesankäse und Pinienkernen bestreuen und überbacken.

Champignonrisotto mit Speck

Gemischte Champignons und Räucherspeck verleihen diesem klassischen Risotto herzhafte Würze.

4 Portionen

Zutaten

2 El Sonnenblumenöl
1 große Zwiebel, gehackt
75 g Räucherspeck, fein gewürfelt
350 g Avorio- oder Rundkornreis
1–2 Knoblauchzehen, gepreßt
15 g getrocknete Champignonscheiben, in etwas kochendem Wasser eingeweicht
175 g gemischte Champignons wie weiße und Wiesenchampignons
1,2 l heiße Brühe
einige Zweige Oregano oder Thymian
1 El Butter
etwas trockener Weißwein
3 El geschälte, gehackte Tomaten
8–10 schwarze Oliven, entsteint und geviertelt
Salz und frisch gemahlener schwarzer Pfeffer
Thymianzweige zum Garnieren

Öl in einer großen Pfanne mit dickem Boden und Deckel erhitzen und Zwiebeln und Speck bei schwacher Hitze braten.

Reis und Knoblauch unterrühren und bei starker Hitze 2–3 Minuten kochen, bis die Reiskörner gleichmäßig mit Fett überzogen sind. Die getrockneten Champignons mitsamt der Einweichflüssigkeit, die frischen Champignons, die Hälfte der Brühe, Oregano, Salz und Pfeffer dazugeben. Langsam aufkochen und dann die Temperaturzufuhr reduzieren. Mit einem Deckel verschließen und köcheln lassen. Bei Bedarf Flüssigkeit nachgießen.

Kurz vor dem Servieren Butter, Weißwein, Tomaten und Oliven unterrühren und abschmecken.

Champignons mit Wildreis

Dieses Gericht verdankt sein wunderbares Aroma dem gebackenen Sommergemüse.

4 Portionen

Zutaten

115 g Wildreis
115 g Langkornreis
1 große Aubergine, in dicken Scheiben
je 1 rote, grüne und gelbe Paprikaschote, entkernt und geviertelt
2 rote Zwiebeln, in Scheiben
225 g Wiesenchampignons oder Shiitakepilze
2 kleine Zucchini, längs halbiert
Olivenöl zum Bestreichen

Für das Dressing

6 El Olivenöl extra vergine
2 El Balsamessig
2 Knoblauchzehen, gepreßt
Salz und frisch gemahlener schwarzer Pfeffer

Wildreis in einen Topf mit kaltem Wasser geben. Aufkochen, Temperaturzufuhr reduzieren und bei geschlossenem Deckel 40 Minuten ziehen lassen. Dann den Langkornreis dazugeben und weitere 10 Minuten köcheln lassen, bis die Körner weich sind.

Für das Dressing alle Zutaten in ein Glas mit Schraubverschluß geben und schütteln. Gemüse auf ein Rost legen, mit Olivenöl bestreichen und 8-10 Minuten backen, bis es weich und braun ist. Gelegentlich wenden und erneut mit Olivenöl bestreichen.

Reis abgießen und die Hälfte des Dressings unterheben. In eine Servierschüssel geben und das gebackene Gemüse darauflegen. Das restliche Dressing darübergießen. Sofort servieren.

Gemüsegerichte

Pilzgerichte sind erstaunlich vielseitig, was diese abwechslungsreiche Rezeptauswahl von Bohnen bis Frikadellen, von Rouladen bis Ragouts, von Pizzen bis Pies und von Strudel über Pfannengerichte bis hin zu Soufflés beweist.

PILZRAGOUT

Diese Pilze schmecken heiß und kalt gleichermaßen köstlich und lassen sich auch zwei Tage im voraus zubereiten.

4 Portionen

Zutaten

1 kleine Zwiebel, fein gehackt
1 Knoblauchzehe, gepreßt
1 Tl Koriandersamen, zerstoßen
2 El Rotweinessig
1 El Sojasauce
1 El trockener Sherry
2 Tl Tomatenmark
2 Tl weicher brauner Zucker
150 ml Gemüsebrühe
115 g kleine weiße Champignons
115 g Wiesenchampignons, geviertelt
115 g Austernpilze, in Scheiben
Salz und frisch gemahlener schwarzer Pfeffer
Korianderstengel zum Garnieren

Die ersten neun Zutaten in einen großen Topf geben und bei geschlossenem Deckel 5 Minuten köcheln lassen.

Deckel abnehmen und weitere 5 Minuten offen köcheln lassen, bis die Flüssigkeit um etwa die Hälfte reduziert ist.

Weiße Champignons und Wiesenchampignons dazugeben und weitere 3 Minuten köcheln lassen. Austernpilze einrühren und noch 2 Minuten kochen.

Pilze mit einem Schöpflöffel aus dem Sud holen und in eine Servierschüssel geben. Sud etwa 5 Minuten kochen, bis die Flüssigkeit auf 5 El reduziert ist. Mit Salz und Pfeffer abschmecken. Saft über die Pilze gießen. Heiß oder kalt servieren.

PILZTORTE

Das Elsaß ist berühmt für seine reichhaltigen Pilzvorkommen. Zu dieser Torte schmeckt am besten ein kühler elsässischer Wein. Servieren Sie, wenn Sie möchten, als Beilage gebackene Kartoffeln und einen gemischten Salat.

4 Portionen

Zutaten

350 g Mürbeteig, falls tiefgefroren, auftauen

50 g Butter

3 Zwiebeln, halbiert und in Scheiben geschnitten

350 g gemischte Pilze wie Steinpilze, Morcheln, Austernpilze und Champignons

1 Thymianzweig, gehackt

1 Prise geriebene Muskatnuß

$3\ ^{1}/_{2}$ El Vollmilch

$3\ ^{1}/_{2}$ El Sahne

1 Ei und 2 Eigelb

Salz und frisch gemahlener schwarzer Pfeffer

TIP DES KÜCHENCHEFS

Sie können, wenn Sie möchten, auch im voraus den Boden teilgaren und die Füllung zubereiten.

Ofen auf 190° C vorheizen (Gas Stufe 5). Eine Tortenbodenform von 23 cm Durchmesser mit etwas Butter einfetten. Teig auf einer leicht bemehlten Arbeitsfläche ausrollen und die Backform damit auslegen. Boden 1 Stunde im Kühlschrank ruhen lassen.

Drei Quadrate Butterbrotpapier in die Backform legen, mit Reis oder Backbohnen auffüllen und 25 Minuten blindbacken. Papier und Reis oder Bohnen herausnehmen und abkühlen lassen.

Butter in einer großen antihaftbeschichteten Pfanne zerlassen. Zwiebeln hineingeben und bei geschlossenem Deckel und schwacher Hitze 20 Minuten dünsten. Pilze und Thymian hinzugeben und weitere 10 Minuten köcheln lassen. Mit Salz, Pfeffer und Muskatnuß abschmecken.

Milch und Sahne in eine Schüssel geben und Ei und Eigelb unterschlagen. Pilzmischung auf den Tortenboden geben und dann die Milch-Ei-Mischung darübergießen. 15–20 Minuten backen, bis die Mitte sich fest anfühlt. Heiß servieren oder vor dem Servieren abkühlen lassen.

Borlottibohnen mit Pilzen

Die Pilzmischung verleiht diesem Gericht ein wunderbar herzhaftes, nussiges Aroma.

4 Portionen

Zutaten
2 El Olivenöl
50 g Butter
2 Schalotten, gehackt
2–3 Knoblauchzehen, gepreßt
675 g gemischte Pilze wie Champignons, Wiesenchampignons und Austernpilze, in dicken Scheiben
4 sonnengetrocknete Tomaten in Olivenöl, abgetropft und gehackt
6 El trockener Weißwein
400 g Borlottibohnen aus der Dose, abgetropft
1 1/2 El geriebener Parmesankäse
2 El gehackte frische Petersilie
Salz und frisch gemahlener schwarzer Pfeffer
Nudeln als Beilage

Butter und Öl in einer großen antihaftbeschichteten Pfanne erhitzen und die Schalotten darin dünsten. Knoblauch und Pilze in die Pfanne geben und 3–4 Minuten braten. Die sonnengetrockneten Tomaten und den Wein unterrühren und mit Salz und Pfeffer abschmecken.

Borlottibohnen unterrühren und weitere 5–6 Minuten kochen.

Geriebenen Parmesankäse unterrühren. Mit gehackter frischer Petersilie bestreuen und sofort servieren. Als Beilage Nudeln reichen.

Pilzpfanne

Dieses Gericht ist schnell zubereitet und eine ideale Beilage für alle Arten von Braten und Grillfleisch. Verwenden Sie eine Mischung möglichst vieler verschiedener Pilzarten.

6 Portionen

Zutaten

900 g frische Pilze wie Morcheln, Steinpilze, Austernpilze und Shiitakepilze

2 El Olivenöl

2 El Butter

2 Knoblauchzehen, fein gehackt

3–4 Schalotten, fein gehackt

3–4 El gehackte frische Petersilie oder eine Mischung frischer Kräuter

Salz und frisch gemahlener schwarzer Pfeffer

Pilze, wenn nötig, vorsichtig waschen und abtrocknen. Stiele abschneiden und große Pilzköpfe vierteln oder in Scheiben schneiden.

Öl in einer großen Pfanne mit dickem Boden erhitzen, Butter dazugeben und schwenkend bei mittlerer Hitze zerlassen. Die gemischten Pilze dazugeben und 4–5 Minuten garen, bis sie anfangen braun zu werden.

Knoblauch und Schalotten dazugeben und noch weitere 4–5 Minuten kochen, bis die Pilze weich sind und der ausgetretene Saft verdunstet ist. Salzen und pfeffern und Petersilie oder gemischte Kräuter unterrühren.

Champignon-Pie mit Käsesouffléhaube

Diese raffinierte Champignonpastete mit Käsesouffléhaube sollten Sie heiß mit Preiselbeeren servieren.

8 Portionen

Zutaten

225 g Mehl
175 g Butter
115 g geriebener Parmesankäse
1 Ei
1 El Dijon-Senf

Für die Füllung

2 El Butter
1 Zwiebel, fein gehackt
350 g Champignons, gehackt
1 El gehackte frische Petersilie
50 g helles Paniermehl
Salz und frisch gemahlener schwarzer Pfeffer

Für die Käsehaube

2 El Butter
2 El Mehl
300 ml Milch
2 El geriebener Parmesankäse
75 g geriebener Cheddarkäse
1 Ei, getrennt

Für den Teig das Mehl in eine Schüssel sieben und die Butter mit den Fingern unterreiben, bis die Mischung feinen Brotkrumen ähnelt. Parmesankäse unterrühren. Ei mit 1 El Wasser schlagen. Mehlmischung dazugeben und zu einem weichen, geschmeidigen Teig verarbeiten. Glattkneten, in Klarsichtfolie einwickeln und 30 Minuten kalt stellen.

Für die Füllung die Butter in einer großen antihaftbeschichteten Pfanne zerlassen. Zwiebel hineingeben und bei mittlerer Hitze weich dünsten. Gehackte Champignons dazugeben und unter gelegentlichem Rühren 5 Minuten dünsten. Temperaturzufuhr erhöhen und Flüssigkeit abgießen. Pfanne von der Herdplatte nehmen und gehackte frische Petersilie und Paniermehl unterrühren. Mit Salz und Pfeffer abschmecken. Abkühlen lassen.

Backblech im Ofen bei 190° C (Gas Stufe 5) vorheizen. Eine Springform von 23 cm Durchmesser etwas einfetten. Teig auf einer leicht bemehlten Arbeitsfläche ausrollen und die Backform damit auslegen. Teig in der Backform 1 Stunde in den Kühlschrank stellen.

Für die Käsehaube Butter in einem Topf zerlassen, Mehl unterrühren und bei schwacher Hitze 2 Minuten kochen. Nach und nach die Milch unterrühren. Aufkochen, damit die Masse andickt, und 2–3 Minuten köcheln lassen. Topf von der Kochstelle nehmen und Parmesan, Cheddar und Eigelb unterziehen. Großzügig würzen. Zu einer glatten Masse schlagen. Eiweiß steif schlagen und vorsichtig unter die Käsemasse heben.

Teigboden gleichmäßig mit Dijon-Senf bestreichen. Backform bis zum Rand mit der Champignonmischung füllen. Käsemasse darübergießen und die Pastete auf dem heißen Backblech 35–45 Minuten backen, bis die Haube fest und goldbraun ist.

CHAMPIGNON-KÄSE-STRUDEL

Dieses Rezept, angelehnt an ein russisches Gericht namens Koulibiac, ist eine perfekte vegetarische Hauptmahlzeit oder eine außergewöhnliche Beilage zu kaltem Truthahn oder Schinkenbraten.

4 Portionen

Zutaten
175 g Langkornreis
2 El Butter
1–2 Lauchstangen, in dünnen Scheiben
350 g Champignons, in Scheiben
225 g geriebener Gruyère oder Cheddarkäse
225 g Fetakäse, gewürfelt
2 El Korinthen
50 g gehackte Mandeln oder Haselnüsse, geröstet
2 El gehackte frische Petersilie
275 g feiner Blätterteig aus der Tiefkühltruhe, aufgetaut
2 El Olivenöl
Salz und frisch gemahlener schwarzer Pfeffer

Reis in kochendem Salzwasser 10–12 Minuten garen, bis er weich ist. Abgießen, unter fließendem kalten Wasser abspülen und beiseite stellen. Butter in einem Topf zerlassen, Lauch und Champignons dazugeben und bei mittlerer Hitze 5 Minuten dünsten. In eine Schüssel geben und abkühlen lassen.

Den gut abgetropften Reis, Käse, Korinthen, geröstete Nüsse und Petersilie mischen und mit Salz und Pfeffer abschmecken (verwenden Sie wenig Salz, da der Fetakäse bereits sehr salzig ist).

Ofen auf 190° C vorheizen (Gas Stufe 5). Blätterteig, den Sie nicht gerade bearbeiten, mit einer Lage Klarsichtfolie und einem feuchten Küchenhandtuch abdecken. Eine Lage Teig auf ein großes Stück Backpapier legen und mit Öl einpinseln. Eine zweite Lage Teig etwa 2,5 cm überlappend an das erste Teigblatt legen. Eine dritte Teiglage mit der langen Seite im rechten Winkel zu den langen Seiten der ersten zwei Lagen anlegen. Eine vierte Lage in gleicher Art anlegen, 2,5 cm überlappend. In dieser Weise fortfahren (2 Lagen längs, 2 Lagen quer), so daß die überlappenden Ränder bei jeder Lage im rechten Winkel zueinander verlaufen

Füllung entlang der Mitte der Teigunterlage geben und mit den Fingern sauber zu einem Rechteck von ca. 10 x 30 cm formen.

Teig über die Füllung falten und den Strudel mit Hilfe des Backpapiers wenden, so daß der Saum auf der Unterseite verborgen ist.

Strudel auf ein gefettetes Backblech legen und die Ecken unterschlagen, so daß die Füllung beim Backen nicht auslaufen kann. Mit Öl einpinseln und 30–40 Minuten goldbraun und knusprig backen. Den Strudel 5 Minuten stehenlassen und dann in breite Scheiben schneiden.

Spinatsoufflé mit Pilzen

In diesem sensationellen Soufflé harmonieren Pilze, Eier und Spinat besonders gut miteinander. Sie können fast jede Pilzkombination verwenden, doch die festeren Sorten sind von der Textur her am geeignetsten.

4 Portionen

Zutaten

225 g frischer Spinat, gewaschen, oder 115 g gefrorener gehackter Spinat
4 El Butter und etwas Butter zum Einfetten
1 Knoblauchzehe, gepreßt
175 g gemischte Pilze wie Steinpilze, Austernpilze und weiße Champignons
200 ml Milch
3 El Mehl
6 Eier, getrennt
1 Prise gemahlene Muskatnuß
2 El geriebener Parmesankäse
Salz und frisch gemahlener schwarzer Pfeffer

TIP DES KÜCHENCHEFS
Das Soufflé kann bis zu dem Arbeitsschritt, in dem der Eischnee untergehoben wird, bis zu 12 Stunden im voraus zubereitet und dann aufgewärmt werden.

Ofen auf 190° C vorheizen (Gas Stufe 5). Spinat bei mittlerer Hitze 3–4 Minuten dünsten. Unter fließendem kaltem Wasser abkühlen und abtropfen lassen. Mit der Rückseite eines Löffels so viel Flüssigkeit wie möglich herausdrücken und den Spinat fein hacken. Wenn Sie Tiefkühlspinat verwenden, lassen Sie diesen ebenfalls abtropfen und drücken Sie auf die gleiche Art überschüssige Flüssigkeit heraus.

Butter in einem Topf zerlassen, Knoblauch und Pilze dazugeben und bei mittlerer Hitze weich dünsten. Temperaturzufuhr erhöhen heraufschalten und kochen, bis der Saft verdunstet ist. Wenn die Pilze trocken sind, den Spinat dazugeben und die Mischung in eine Schüssel geben. Abdecken und bis zur Weiterverwendung warm halten.

Drei El der Milch in eine Schüssel geben. Restliche Milch aufkochen. Mehl und Eigelb in die kalte Milch geben und sorgfältig unterrühren. Die kochende Milch in die Eimischung gießen, in den Topf zurückgeben und unter ständigem Umrühren kochen, bis die Masse beginnt anzudicken. Spinatmischung unterheben. Mit Salz, Pfeffer und Muskatnuß abschmekken.

Eine 900 ml fassende Souffléform sorgfältig einfetten. Etwas Parmesan hineinstreuen und beiseite stellen. Eiweiß steif schlagen. Spinatmischung zum Kochen bringen und dann vom Herd nehmen. Einen Löffel Eischnee unterziehen und die Mischung unter das restliche Eiweiß heben. In die Souffléform füllen, glatt streichen, mit dem restlichen Parmesan bestreuen und 25 Minuten im Ofen backen, bis das Soufflé stark aufgegangen und goldbraun ist. Ofenfrisch servieren.

PILZBURGER

Für dieses beliebte Gericht können Sie jede Pilzart verwenden.

4 Portionen

Zutaten
115 g Pilze, fein gehackt
1 kleine Zwiebel, gehackt
1 kleiner Zucchino, gehackt
1 Möhre, gehackt
25 g ungesalzene Cashew- oder Erdnüsse
115 g frisches Paniermehl
2 El gehackte frische Petersilie
1 Tl Hefeextrakt
Mehl zum Formen
Salz und frisch gemahlener schwarzer Pfeffer
grüner Salat als Beilage

TIP DES KÜCHENCHEFS
Sie können die Burger bis zu einem Tag im voraus zubereiten. Legen Sie sie auf einen Teller oder ein Tablett, decken Sie sie mit Klarsichtfolie ab, und bewahren Sie sie bis zur Verwendung im Kühlschrank auf.

Pilze ohne Öl in einer antihaftbeschichteten Pfanne 8–10 Minuten unter Umrühren garen und den Saft verdunsten lassen.

Zwiebel, Zucchini, Möhre und Nüsse im Mixer zerhacken, bis sie aneinanderkleben. Pilze, Paniermehl, Petersilie und Hefeextrakt unterrühren und mit Salz und Pfeffer abschmecken. Mit dem Mehl zu Frikadellen formen und im Kühlschrank kalt stellen.

Frikadellen mit sehr wenig Öl 8–10 Minuten in einer antihaftbeschichteten Pfanne braten oder im heißen Grill garen. Zwischendurch einmal wenden. Heiß servieren und als Beilage grünen Salat reichen.

Pizza mit Huhn und Shiitakepilzen

Die Shiitakepilze verleihen dieser farbenfrohen Pizza einen erdigen Geschmack; eine frische rote Chilischote gibt ihr die Schärfe. Wenn Sie es weniger scharf mögen, können Sie die Chilischote jedoch auch weglassen.

3–4 Portionen

Zutaten

3 El Olivenöl

350 g Hähnchenbrustfilet, gehäutet und geschnetzelt

1 Bund Lauchzwiebeln, in Scheiben

1 frische rote Chilischote, entkernt und gehackt

1 rote Paprikaschote, entkernt und in dünne Streifen geschnitten

75 g Shiitakepilze, geputzt und in Scheiben geschnitten

3–4 El gehackter frischer Koriander

1 fertiger Pizzateig, etwa 25-30 cm Durchmesser

1 El Chiliöl

150 g Mozzarella

Salz und frisch gemahlener schwarzer Pfeffer

Ofen auf 220° C vorheizen (Gas Stufe 7). Zwei El des Olivenöls in einem Wok oder einer großen Pfanne erhitzen. Hähnchenfleisch, Lauchzwiebeln, Chilischote, Paprikaschote und Pilze hineingeben und bei starker Hitze 2–3 Minuten braten, bis das Fleisch fest, aber innen noch leicht rosa ist. Mit Salz und Pfeffer abschmecken.

Überschüssiges Öl abgießen und die Hähnchenmischung abkühlen lassen. Frischen Koriander unterrühren. Pizzaboden mit dem Chiliöl bestreichen. Hähnchenmischung auf dem Pizzaboden verteilen und mit dem restlichen Olivenöl beträufeln.

Mozzarella reiben und über die Pizza streuen. 15–20 Minuten backen.

SPINAT-CHAMPIGNON-ROULADE

Ein besonders appetitlich aussehendes Gericht, das sich überraschend leicht zubereiten läßt.

6–8 Portionen

Zutaten
450 g frischer Spinat
1 El Butter
4 Eier, getrennt
1 Prise gemahlene Muskatnuß
50 g geriebener Cheddarkäse
Salz und frisch gemahlener schwarzer Pfeffer

Für die Füllung
2 El Butter
350 g Champignons, gehackt
2 El Mehl
150 ml Milch
3 El Crème double
2 El Schnittlauchröllchen

Ofen auf 190° C vorheizen (Gas Stufe 5). Ein 23 x 33 cm großes Biskuitblech mit Antihaftbackpapier auslegen. Spinat waschen und putzen und die feuchten Blätter ohne zusätzliches Wasser in einem Topf weich dünsten. Spinat gut abtropfen lassen, überschüssige Flüssigkeit herausdrücken und fein hacken.

Spinat in eine Schüssel geben. Butter und Eigelb unterschlagen und mit Salz, Pfeffer und Muskatnuß abschmecken. Eiweiß steif schlagen und unter die Spinatmasse heben. In die Backform füllen und mit der Hälfte des Käses bestreuen. 10–12 Minuten backen, bis die Masse gerade fest ist.

Für die Füllung die Butter in einem Topf zerlassen und die Champignons dazugeben. Bei mittlerer Hitze weich braten. Mehl unterrühren und noch 1 Minute kochen. Nach und nach die Milch unterrühren. Aufkochen und umrühren, bis die Masse andickt, und dann noch 2–3 Minuten köcheln lassen. Vom Herd nehmen und Crème double und Schnittlauch unterziehen.

Die gebackene Roulade aus dem Ofen nehmen und auf ein Blatt Antihaftbackpapier stürzen. Papier abziehen und die Roulade gleichmäßig mit der Champignonfüllung bestreichen.

Die Roulade möglichst fest zusammenrollen und in eine feuerfeste Form legen. Mit dem restlichen Käse bestreuen und noch weitere 4-5 Minuten im Ofen backen, bis der Käse geschmolzen ist. In Scheiben schneiden und sofort servieren.

REGISTER

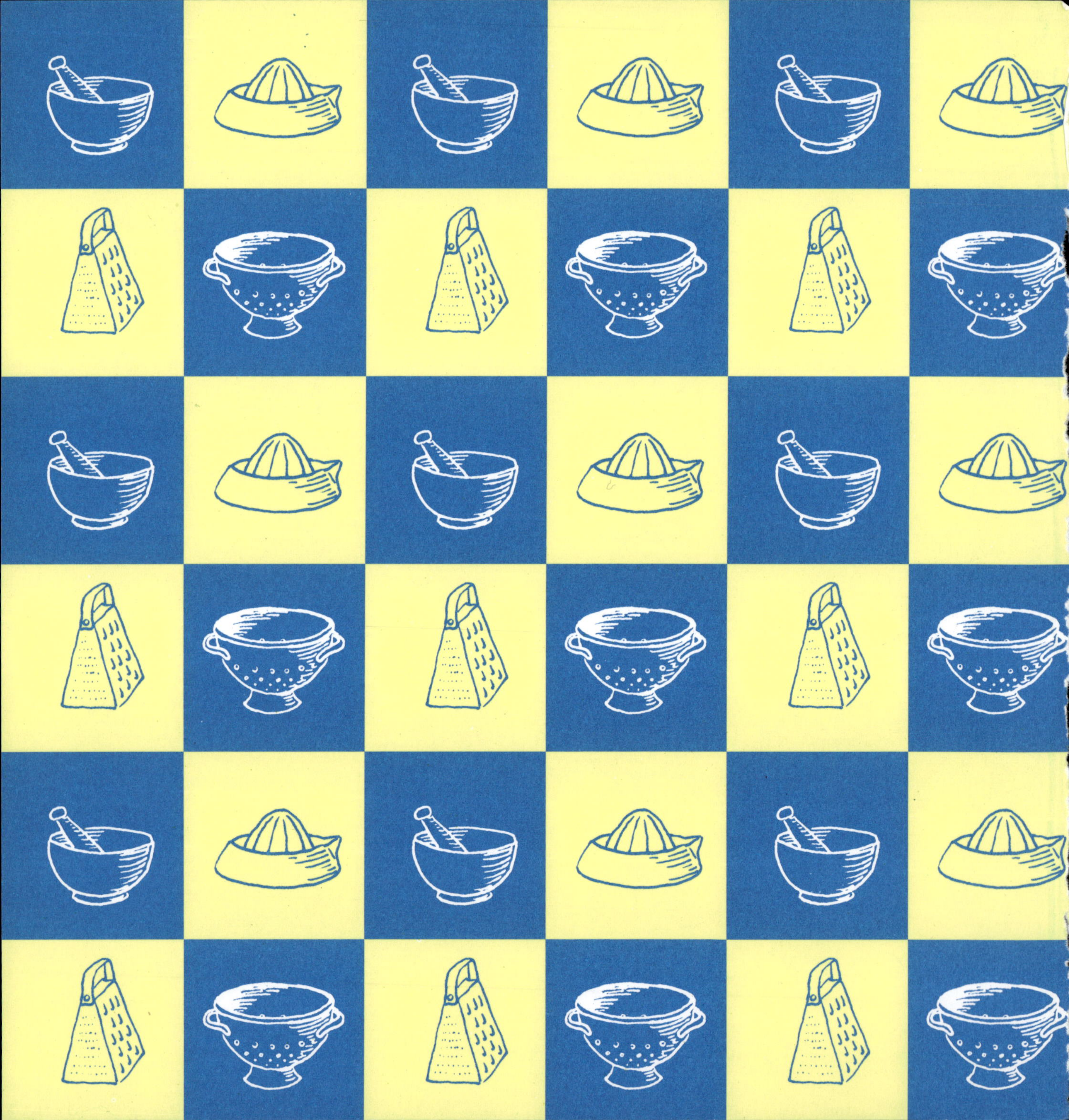